中国南阳汉画像石大全

第八卷

凌皆兵　王清建　牛天伟　主编

丁亥春九十又二题

中原出版传媒集团
大地传媒

大象出版社
·郑州·

目录

卷首语

角抵，汉代称角抵戏，是人模仿动物相互争斗的一种游戏。它起源于战国，两汉时期十分盛行。角抵戏是蚩尤戏的发展。任昉《述异记》云："今冀州有乐名蚩尤戏，其民两两三三，头戴牛角而相抵，汉造角抵戏，盖其遗制也。"《汉武故事》记载了角抵戏的发展过程："未央庭中设角抵戏，享外国，三百里内皆观。角抵者，六国所造也；秦并天下，兼而增广之……杂以奇幻，有若鬼神。角抵者，使角力相抵触者也。"汉武帝十分喜好观赏角抵戏，对角抵戏极为提倡，使角抵活动更加盛行。《汉书》说：武帝元封"三年春，作角抵戏，三百里内皆观"。元封六年"夏，京师民观角抵于上林平乐馆"。这是三百里内皆能观赏到的宏大规模的角抵戏。张衡《西京赋》赞曰："临迥望之广场，程角抵之妙戏。"这两次大型的角抵胜会，充分表现了汉代角抵戏的盛行情况。

斗兽和观赏斗兽，是西汉宫廷中风行的一种娱乐活动，并成为上层统治者的嗜好。皇宫和皇家园囿中设有不少兽圈和斗兽场，如虎圈、狮圈、彘圈等。帝王不仅喜欢观赏斗兽，甚至亲自参与斗兽，贵族子弟们更是以斗兽炫耀其超人的勇力。据《汉书》记载：汉武帝之子广陵厉王刘胥"力扛鼎，空手搏熊彘猛兽"，汉武帝之孙昌邑王刘贺"弄彘斗虎"，汉元帝曾"幸虎圈斗兽，后宫皆坐"。

斗兽还曾经作为惩罚罪臣的一种手段，如：《史记·儒林列传》记载，因儒生辕固言语冲撞窦太后，窦太后让其"入圈刺豕"；《汉书·李广苏建传》记载，李广的孙子李禹酒后"侵陵"侍中贵人，皇帝让其到虎圈中刺虎。上行下效，斗兽之风在民间也曾风靡一时。

南阳汉画像石中有许多人与兽斗（即斗兽）、人与人相搏、兽与兽斗（即兽斗）的画像，它们一部分可能是角抵戏的反映，一部分更可能是斗兽之风的艺术再现。其中的斗兽画像主要有斗虎、斗牛、斗熊、斗兕、斗狮等，体现了汉代劳动人民征服自然的能力和大无畏的精神面貌。人与人相搏主要有持器械和徒手相搏等形式，奠定了中国武术套路的基础，这些画像对研究传统武术提供了丰富的资料。

兽斗画像则在表现兽性凶猛的自然本性的同时，折射出汉代人对威武勇猛的崇尚。这些画像反映了汉代娱乐形式的广泛性和多样化的特点，同样也是对生机勃勃的汉代社会一个生动的写照。

最后需要说明的是，本卷收录的少部分所谓"斗兽"或"兽斗"画像石不一定是世俗的画像，有可能反映的是神仙世界的角抵场景，其中可能蕴含着辟邪的意义。

斗兽

画中刻一兕，有翼，尾生三歧，奋力前抵。左刻一人，右掌推向兕角。右刻一兽，已残缺不全。

象人斗兕

152cm×41cm   征集于南阳市

画中刻一兕，有翼，尾生三歧，奋力前抵。左刻一人，右掌推向兕角。右刻一兽，已残缺不全。

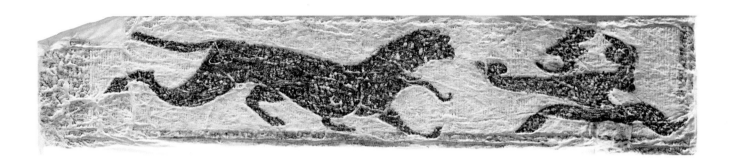

象人斗虎

203cm×40cm　　征集于南阳市

画左刻一虎，张巨口，作前扑状。右刻一人，头戴面具，跨步伸臂。

象人斗牛・兽斗

165cm×34cm　征集于南阳市

画左刻一人，头生双角，左手握牛角，右手握拳向牛打去；牛低头弓身，身体前倾，奋力前抵。右刻一狮，扬尾奋爪，张口吐舌，扑向前面怪兽；怪兽低头蜷身，尾上翘，后肢蹲地。

画中刻一人，头梳发髻，弓步推掌，左手推向一牛，右手推向一熊；牛弓背前抵，熊扭头回望，作仓皇奔跑状。

斗兽

142cm×39cm   征集于南阳市

画中刻一人，头梳发髻，弓步推掌，左手推向一牛，右手推向一熊；牛弓背前抵，熊扭头回望，作仓皇奔跑状。

斗牛

167cm×48cm   征集于南阳市棉花库工地

画中刻一人，长发后甩，赤身裸体，弓步推掌搏击一弓背翘尾、低头前抵之牛。

搏虎斗牛

164cm×38cm　　征集于南阳市一中健康路附近

画中刻二人二兽。中刻一人两手臂前后伸展，跨步迎击右侧翘尾奋蹄、低头前抵之牛。左刻
一人（残缺），弓背跨步，扬臂推掌迎击前面昂首奋爪、跃身翘尾之虎。

象人斗兽·兽斗

220cm×47cm　　征集于南阳市汉画馆后窑厂

画中刻一人，弓步伸臂迎击旁边一两角锋利之牛。左刻一狮，张口昂首翘尾，扑向前一低头
缩身夹尾之兽。画间饰云气纹。

斗牛

76cm×40cm　征集于南阳市

画左刻一勇士，着紧身衣，弓步推掌，击向其前之牛。牛弓背翘尾，俯身前抵。画右刻一兽（残缺）卧地。画间饰云气纹，上边框饰三角形纹，下边框饰斜平行纹。

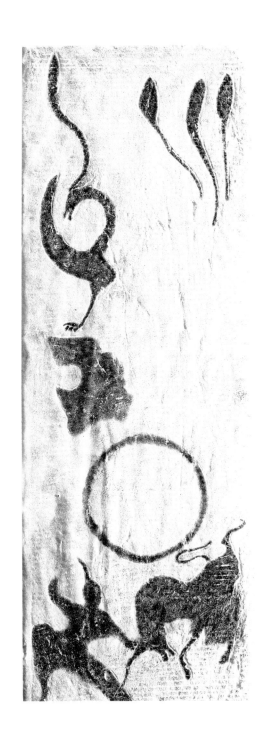

朱雀铺首衔环·斗牛

60cm×160cm　　征集于南阳市

画上刻一朱雀，华冠高竖，振翅翼，尾高翘，身体大部漫漶不清。中刻铺首衔环。下刻一
武士，蹲步挥臂力斗前面弓背扬蹄、翘尾俯首奋抵之牛。

象人斗熊

109cm×36cm　　征集于南阳市

画刻相对二人，跨步挺刺长矛。二人之间刻一熊，熊在二人长矛刺击中作挥臂扭躯回首惊恐状。

斗牛·兽斗

191cm×48cm   征集于南阳市魁星楼

画左刻二兽,一为狮,张口翘尾,相向争斗。右刻一力士,弓步伸臂,力斗一牛一熊,牛弓
背低首奋力前抵,熊斗败欲逃中回首观望。此画拓片曾被鲁迅先生收藏。

斗兽·兽斗

207cm×42cm　征集于南阳市

画左刻一兽，肩生翼，后肢扬起，弓背翘尾，低头抵向前边之人。人头梳髻，身着短衣，弓步，右手抓兽角，左手高举牛角。画中间两兽，其一边之兽弓背低头，两后腿蹲坐于地，尾上翘；右边之兽似狮，张口扬头翘尾，扑向前面之兽。右刻一龙一虎，龙扭头张口，虎尾上扬，昂首张口与龙呼应。上边框饰三角形纹，画间饰云气纹。

斗牛·兽斗

298cm×43cm　　征集于南阳市引凤庄

画左刻一力士，伸臂跨步，扭身勇斗一牛；牛弓背翘尾，后肢腾起，低首前抵力士；力士身后有一挥臂扭身奔跑之熊。画右刻一狮张口腾身扬尾冲向一弓身低头夹尾之兽。画间饰云气纹，上边框饰垂幔，下边框饰山峦。

斗虎

141cm×34cm　　征集于南阳市

画左刻一相交阴阳双环。画右刻一人，扬臂跨步，扑向前一张口翘尾之虎。此画拓片曾被鲁迅先生收藏。

斗兽

169cm×46cm　　征集于南阳市

画中刻一狮，瞪眼张口，后肢扬起，尾巴上翘，扑向前边一弓背低头、蹲坐于地之夹尾兽。
画右刻一人，头梳高髻，身着短装，跨步向前，手臂张开。画边框上饰三角形纹，画间饰云
气纹。

画左刻一人，头梳髻，身着短装，跨步与一兽（残缺）搏斗。

斗兽

174cm×42cm　　征集于南阳市

画左刻一人，头梳髻，身着短装，跨步与一兽（残缺）搏斗。

斗虎

137cm×41cm   征集于南阳市

画左刻一虎，张口挺首扬尾，扑向前边一戴冠执戟而立的人（下半部残）。画间饰云气纹。

斗虎

165cm×40cm　　征集于南阳市

画中刻一武士，头梳髻，双手执枪，跨步奔向前边之虎。虎张口瞪眼翘尾，扑向武士。左刻
一异兽，独角有翼，弓背扬蹄，回首张望作奔跑状。下部饰山峦。

斗兽

156cm×41cm   征集于南阳市蒲山

画左刻一狮，张口扬头翘尾扑向其前一后肢蹲坐于地、俯首弓身之夹尾兽。右刻一人，跨步
扬臂作驱赶状。画间饰云气纹。

斗兽

193cm×39cm　征集于南阳市桑园路

画左刻一兽，身躯壮硕，尾卷于后腿下，低头扑向右边之人（残缺）。人弓身推掌挡兽。画间饰云气纹。

斗兽

138cm×40cm　征集于南阳市

画中刻一人，头梳髻，赤膊，弓步推掌，左手拿刀迎击旁边之兽；旁边之兽似鹿，尾扬起，扭头瞪眼惊恐回望。右刻一虎，前肢抬起，伸颈脖扭头作奔跑状。画间饰云气纹。

画右刻一虎，张口，獠牙外露，上下相对，作奔跑状。左刻一人，跨步扭身，扬右臂，左手
抓虎尾。

斗虎

137cm×38cm   征集于南阳市

画右刻一虎，张口，獠牙外露，上下相对，作奔跑状。左刻一人，跨步扭身，扬右臂，左手
抓虎尾。

搏虎

149cm×41cm　　征集于南阳市

画右刻一人，蹲身跨步，伸扬右臂搏击其前之虎。虎身生翼，扬尾张巨口。画间饰云气纹。

斗熊

154cm×40cm　征集于南阳市

画右刻一武士，头梳高髻，身着短装，双手执长枪，跨步奋力刺向前面之熊。熊前肢上举，
扭身张口，作惊恐之状。左刻一武士，头梳髻，弓步站立，左手举刀抵挡奔跑之熊。上边
框饰三角形纹，画间饰云气纹。

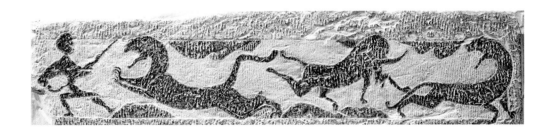

斗兽·兽斗

153cm×42cm   征集于南阳市

画左刻一武士，跨步，双手握长矛迎击其前一张口腾身翘尾飞扑而来之虎。画右刻一虎，张口伸颈，扭头奋爪迎击其后一俯首弓背、腾蹄扬尾、独角前抵之牛。上下饰山峦。

斗虎

139cm×42cm 征集于南阳市

画右刻一人，梳高髻，左手扬执一物，右手伸臂推掌，力拒张口翘尾奋爪扑来之虎。画间饰
云气纹。

斗兽·兽斗

163cm×40cm　征集于南阳市魏公桥

画左刻一狮子，鬃毛上扬，张口翘尾奋爪扑向一低头伏地之夹尾兽。右刻一人，弓步伸臂推掌，抗拒前面一俯首隆背、腾躯扬尾奋抵之牛。上边框饰三角形纹，画间饰云气纹。

斗牛

108cm×43cm　　征集于南阳市

画左刻一牛，俯首隆背，纵身扬蹄，奋力抵向其前之人。人着长襦，跨步伸臂推击右掌，力
拒狂抵之牛。画间饰云气纹。

搏虎

179cm×47cm　　征集于南阳市

画右刻一虎，张口奋爪翘尾扑向前边之人。面对扑来之虎，此人弓步伸臂，右手执一物，推左掌迎击扑食之虎。

斗牛

141cm×44cm　　征集于南阳市

画右刻一人，弓步，着短裤，左手握匕首，推击右掌拒一牛。牛腾蹄翘尾，跃身狂奔作回顾状。画间饰云气纹。

斗牛

107cm×37cm　　征集于南阳市

画右刻一人，着长襦，跨步扭身，两手执棒状物迎战前边之牛。牛俯首弓背，跃身扬尾，奋
力向人抵触。画间饰云气纹。

斗牛

115cm×39cm　　征集于南阳市

画右刻一人，跨步伸臂，左手执一物，右手推掌力拒前边俯首弓背、扬蹄翘尾、两角奋抵之
牛。右刻一动物（残缺）。下饰山峦。

象人斗虎

153cm×41cm　征集于南阳市

画右刻一人，头戴面具，跨步挥臂，手持长矛奋力向一张巨口翘尾奔跑之虎刺去。

搏虎斗兕

133cm×39cm　征集于南阳市

画中刻一人，发髻高竖，双目圆睁，跨步伸臂推击左掌，拒斥一张口奋爪扑来之虎（残缺），
右手执钺拒旁边一独角有翼之兕。上边框饰三角形纹，下饰山峦。

斗虎

177cm×39cm　　征集于南阳市

画右刻一虎，张口纵身，翘尾扑向其前之人。人弓步，双手各执一棒，迎击扑来之虎。下饰山峦，画间饰云气纹。

斗牛·兽斗

245cm×48cm　　征集于南阳市

画中刻一人，着长袖衣，大跨步伸臂迎击其前之牛。牛腾蹄翘尾、俯首抵触人。左刻一张口
跃身、翘尾奋爪之狮，迎面扑向一弓背垂首、缩身蹲地之夹尾兽。画间饰云气纹。

斗牛搏虎

158cm×41cm   征集于南阳市

画中刻一力士，着宽袖长襦，跨步，伸举双臂，左掌推击一奋蹄扬尾、弓背抵角之牛，同时
转身迎击跃身张口翘尾扑来之虎。下饰山峦。

斗牛·兽斗

197cm×39cm　　征集于南阳市

画右刻一牛，俯首隆背、奋蹄扬尾冲向一人。人跨步伸展手臂迎击抵触之牛。中刻一兽，已漫漶不可识。左刻一狮，鬃毛直竖，张口奋爪翘尾作扑食状。上边框饰三角形纹，画间饰云气纹。

斗牛·兽斗

155cm×39cm　　征集于南阳市

画右刻一人，跨步扬臂推右掌，奋力搏击扑来之牛。牛弓背奋蹄、扬尾俯首前抵。中刻一狮，张口奋爪翘尾扑向俯首蹲身之夹尾兽。狮兽之间刻一仙草，上边框饰三角形纹。

斗兽

157cm×42cm　　征集于南阳市

画中刻一人，跨步向前奔跑，左手挥举，右手操刀。右边一虎已跃身张口扬尾扑到人身边。
左刻一兽似牛，跃身向前奔跑。上边框饰三角形纹。

驯虎

138cm×40cm　征集于南阳市

画右刻一人，高梳髻，身挂长剑，跨步侧身向前。左刻一方相氏，一手执长剑，一手执索牵
住一虎，虎缩身低首。

斗虎

137cm×44cm　　征集于南阳市

画右刻一人，跨步扭身挥臂，左手扬起，驱赶一狮一虎。狮、虎均张口腾身扬尾作奔跑状。左刻一树，植于山上。下饰山峦。

斗虎

165cm×48cm　征集于南阳市

画右刻一虎，张口奋爪翘尾扑向一人。人跨步扬臂，扭身迎击来虎。

斗兽

163cm×32cm　　征集于南阳市

画中刻一人，头梳尖髻，弓步挥臂推右掌，左手拿一尖状物，迎击左右之兽。左刻一牛，弓背翘尾，后蹄腾空，扭头扑向来人。右刻一兽，独角似鹿，后蹄腾空，扭头回望。画间饰云气纹。

驯象

150cm×38cm　　征集于南阳市英庄

画左刻一虎，昂首张口扬尾，作奔跑状。右刻一人，跨步扭身，持铁钩驯象。上边框饰三角
形纹，画间饰云气纹。

斗兕

206cm×39cm   征集于南阳市

画右刻二兕，独角，身生翼，俯首奋蹄扬尾相抵触。左刻一人，伸展双臂，右手执一锤状物，
大跨步奔跑。人物后方饰山峦。

象人斗牛·兽斗

206cm×39cm　　征集于南阳市

画左刻一牛一人，牛俯首隆背奋蹄向人抵触。人甩舞长管袖衣，左手执牛角状物迎击来牛。
右刻一狮，狮鬃毛直竖，张口奋蹄翘尾扑向怪兽，怪兽蜷身垂首夹尾蹲坐于地。上边框饰三
角形纹。

斗牛·兽斗

262cm×40cm   征集于南阳市

画左刻一人斗牛，牛弓背腾蹄，扬尾俯首，奋力用角抵向人，人跨步挥臂，伸左掌迎击来牛。
右刻熊虎相斗，虎张口腾身翘尾向熊飞扑，熊立身扭体作退却状。画间饰云气纹。

画左刻一人，头戴假面具，跨步挥臂，赤手空拳力斗一虎。虎张口奋爪扬尾扑向人。画间饰云气纹。

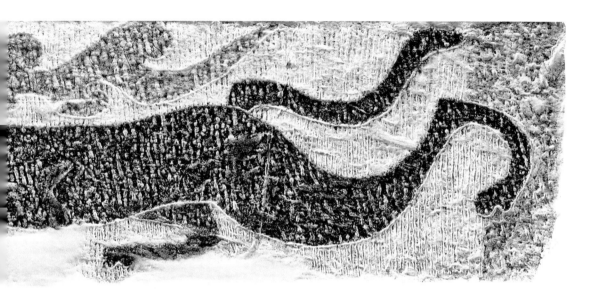

象人斗虎

184cm×39cm　　征集于南阳市

画左刻一人，头戴假面具，跨步挥臂，赤手空拳力斗一虎。虎张口奋爪扬尾扑向人。画间饰云气纹。

斗虎搏熊

192cm×46cm　　征集于南阳市仝庄

画中刻一武士，跨步，双手握长枪，迎击来虎。虎张口腾身翘尾扑向武士。右刻一熊，弓背
挥臂扭身作惊恐状。画间饰云气纹，下饰山峦。

刺熊斗虎

154cm×39cm　征集于南阳市

画中刻一武士，头梳高髻，戴面具，大跨步疾身挺矛刺击前边之熊。熊立身挥臂，扭身回望
作逃遁状。右刻一虎，纵身张口扬尾扑向武士。画间饰云气纹。

斗兽·拜谒

160cm×37cm　　征集于南阳市

画中刻一人，跨步扭身，挥臂推掌迎击一奋爪俯首、抵角前冲之牛。右刻一尊长者，前一执笏者向其拜谒。上边框饰三角形纹，下饰山峦。

象人斗牛

114cm×36cm   征集于南阳市

画右刻一人，戴面具，后撤为虚步，伸臂推掌搏击前一牛。牛俯首奋蹄翘尾抵触象人。下方
饰山峦。

象人斗兕

146cm×41cm   征集于南阳市七孔桥

画左刻一人，戴假面具，跨步张臂，与兕搏斗。兕低首翘尾，利角前抵。

斗牛搏狮

110cm×31cm   征集于南阳市七孔桥

画中刻一力士，跨步挥臂，与狂奔而来之牛相斗。牛怒目弓背，以角前抵。右刻一狮被力士斗败，落荒而逃。

斗牛·牵虎

233cm×38cm   征集于南阳市

画左刻一人，跨步挥臂，右手执钺，左手以绳牵虎向前行走。画中刻一人，弓步挥臂，右手
拿一牛角，左手前推一只弓背垂尾、长角前抵之牛。画间饰云气纹。

斗牛搏虎

140cm×37cm　　征集于南阳市第一中学

画中刻一勇士，头戴假面具，跨大步挥动双臂。一弓身腾蹄、翘肢扬尾前抵之牛横冲而来。
右刻一猛虎，身生羽翼，昂首张口扑向勇士。勇士临危不惧，奋力搏斗。

斗牛搏虎

140cm×37cm　　征集于南阳市（已调拨河南博物院）

画中刻一勇士，头戴假面具，挥动双臂，与一横冲而来之牛相搏斗。同时，一只猛虎趁机偷袭。面临危险，勇士面无惧色，奋力搏斗。

驯狗

135cm×37cm   征集于南阳市工农路口（已调拨河南博物院）

画刻二人驯狗。右边一人以绳牵狗，狗张口纵身向前奔走；左边一人弓步推掌作搏击状。

斗兽

158cm×40cm　　征集于南阳市八一路名门华府

画中刻一似熊怪兽，上肢左右平伸，下肢呈弓步状。画左一兽似虎（头部残），奋足翘尾向
左奔逃。画右刻一人，跨步伸臂与熊搏斗。上边框饰三角形纹，画间饰云气纹。

斗兽

152cm×41cm　征集于南阳市

画中刻一兽，昂首张口，尾生三歧，奋爪扑向其前一俯首弓背伏地之夹尾兽。右刻一人，伸臂跨步向前奔跑。上边框饰三角形纹，画间饰云气纹。

斗兽

173cm×41cm　　征集于南阳市

画中刻一狮，鬃毛直竖，肩生羽翼，翘尾，尾分三歧，张口扑向一垂首扬尾、后半身卧地之兽。右刻一人作奔跑状。画间饰云气纹。

斗兽

162cm×40cm 征集于南阳市

画右刻一人，跨步伸臂作奔跑状。中刻一狮，尾上翘，后肢扬起扑向前边一垂首夹尾蹲坐于地之兽。画间饰云气纹。上饰三角形纹，下饰斜平行纹。

斗兽

112cm×36cm　　征集于南阳市

画中刻一狮，昂首张口，尾分三歧，扑向一弓背勾头夹尾兽。右刻一人，头戴假面具，挥臂跨步奔跑。

斗兽

180cm×40cm　征集于南阳市

画左刻一狮，昂首张口扑向其前怪兽。怪兽垂首缩身夹尾蹲坐于地。右刻一人，跨步挥臂向
前奔跑。画面左右下部点缀山峦，画间饰云气纹。

斗兽

168cm×34cm　　征集于南阳市

画中刻一狮，张口翘尾向前扑去。左刻一怪兽，弓背俯首翘尾迎击来狮。右刻一人，挥臂跨步向前奔跑。上边框饰三角形纹，画间饰云气纹。

斗兽

183cm×40cm　　征集于南阳市

画左刻一狮，张口翘尾，腾身向前猛扑。中刻一兽，垂首夹尾，后肢蹲地。右刻一人，弓步
扭身，挥动双臂。画间饰云气纹。

斗兽

153cm×40cm　征集于南阳市

画左刻一人，头戴面具，双臂平伸，大跨步向前奔跑。中刻一兽，头前伸，背隆起，尾上翘，向前扑去。右刻一狮，昂首张口，鬃毛直竖，腾身扬尾，向前猛扑。画间饰云气纹。

斗兽

147cm×39cm　　征集于南阳市

画左刻一狮，鬃毛直竖，昂首张口，跃身翘尾，向前猛扑。中刻一兽，垂首缩身夹尾蹲坐于
地。右刻一人，弓步扬臂，扭身推掌。上边框饰三角形纹，画间饰云气纹。

斗兽

140cm×38cm　　征集于南阳市

画左刻一怪兽，垂首弓背作斗败状。中刻一狮，张口纵身前扑。右刻一人，头戴面具，伸展
双臂大跨步奔跑。上边框饰三角形纹，画间饰云气纹。

搏击

搏击·奔牛

168cm×41cm 征集于南阳市

画左刻一牛，奋蹄前冲。右刻两人搏斗，一人跨步，双手握长矛向前迎击；一人弓步，扬右掌推左掌还击。画间饰云气纹。

搏击·奔牛

165cm×45cm　　征集于南阳市靳岗

画右刻两人搏击。右侧之人弓步，挥臂推掌，迎击对面一跨步向前、手拿刀状物之人。左刻
一牛，俯首弓背，扬蹄翘尾，向前奔跑。画间饰云气纹，上边框饰三角形纹。

搏击·斗虎

157cm×38cm　征集于南阳市

画右刻一虎，虎抬首张口翘尾作向前扑咬状；虎前一人，伸臂大跨步奔跑。中刻一人，伸臂
亮掌，跨步，似迎击面前之人。左刻一人，跨步伸臂向前奔跑。画间饰云气纹，下饰山峦。

搏击·斗牛

187cm×40cm　　征集于南阳市石桥

画左刻二人，一人弓步扭身，挥臂推掌，迎战一跨步、双手握长棒之人。右刻一牛，俯首腾
身扬尾，抵向前面弓步挥臂、右手握刀之人。画间饰云气纹。

搏击·奔牛

149cm×41cm　　征集于南阳市建材实验厂

画右刻一人，跨步扬臂，与其前弓步抬臂之人搏击。左刻一牛，俯首扬蹄作角抵状。上边框
饰三角形纹，画间饰云气纹。

搏击·兽斗

218cm×42cm   征集于南阳市

画右刻二人，一人跨步，手握长枪，一人弓步，挥双臂推掌迎战。中刻一夹尾兽，垂首弓身蹲坐于地。夹尾兽前刻一狮，张口奋爪扬尾扑向夹尾兽。左刻一虎（残损），扬首奋爪扑向狮子。画间饰云气纹。

搏击·奔牛

164cm×42cm   征集于南阳市（已调拨河南博物院）

画右刻二人相斗，一人徒手，一人持矛。左刻一牛作奔跑状。画间饰云气纹。

搏击·奔牛

147cm×42cm　征集于南阳市靳岗

画右刻二人在进行搏击，其中一人手执长矛正在奔跑前冲，一人弓步扬臂推掌迎战。左刻一牛，弓背前冲作奔跑状。上边框饰三角形纹，画间饰云气纹。

搏击·奔牛

160 cm × 40 cm　　征集于南阳市（已调拨河南博物院）

画左刻二人跨步向前作搏击状。右刻一牛狂奔而逃。画间饰云气纹。

搏击·奔牛

149cm×37cm　　征集于南阳市

画右刻一武士，双手握长枪跨步前冲。中部物象尽管漫漶，但残存人的右臂和右腿的局部，
应为二人搏击。左刻一牛，弓背低头，扬蹄翘尾，向前抵触。上边框饰三角形纹，画间饰云
气纹。

画中刻三人徒手挥拳相搏。画间饰云气纹及山峦。

拳勇

136cm×44cm　　征集于南阳市（已调拨河南博物院）

画中刻三人徒手挥拳相搏。画间饰云气纹及山峦。

兽斗

兽斗

101cm×39cm　　征集于南阳市

画中刻二兽相斗，一兽张口扬尾扑食其前怪兽，怪兽昂首翘尾奋爪扭头躲闪。画间饰云气纹。

兽斗

178cm×37cm   征集于南阳市八一路名门华府

画中刻一狮，昂首张口，扬尾奋爪，扑向左边一怪兽。怪兽弓背低头扬尾作对抗状。右刻一牛，弓背扭头作奔跑状。上边框饰三角形纹，画间饰云气纹。

兽斗

144cm×42cm　　征集于南阳市八一路名门华府

画左刻一怪兽，勾头弓背。右刻一狮子，昂首张口扑向怪兽。画间饰云气纹。

龙虎·二兕斗·菱形穿环图案

120cm×54cm   征集于南阳市第二人民医院

画像内容分为四部分。上格刻二兕，垂背俯首扬晷，两角相抵触；下格刻菱形穿环图案。左刻青龙，右刻白虎。

兽斗

78cm×38cm　　征集于南阳市

画右刻一兽，昂首张口，鬃毛上竖，前爪前伸，一前爪蜷曲（后半身残缺），扑向左侧蜷曲
成半圆之兽。

兽斗

76cm×40cm   征集于南阳市

画刻两只相似的无名兽，右侧一只身似半圆形，头上长一细长角，奋爪张口扬尾。左侧怪兽
身体向上翻转（身体部分残缺）。画间饰云气纹和山峦。

虎牛斗

78cm×38cm　　征集于南阳市东关三官庙

画左刻一虎，张口跃身扑向一牛。牛弓背扬尾，俯身抬角抵向来虎。

虎兕斗

92cm×58cm   征集于南阳市

画右刻一虎，奋爪昂首，张口翘尾扑向一兕。兕身生翼，长犄角，正作奋抵状。上边框饰有
三角形纹，画间饰有山峦。

兽斗

168cm×27cm　　征集于南阳市

画左刻一虎（后半身残缺），张口扑向前面两兕。两兕低头弓背，扬尾翘蹄相抵在一起。

画中刻二兽，中间一兽似狮，扬尾扑向一夹尾兽。画间饰云气纹。

兽斗

172cm×35cm 征集于南阳市

画中刻二兽，中间一兽似狮，扬尾扑向一夹尾兽。画间饰云气纹。

虎兕斗

138cm×25cm　征集于南阳市

画刻虎、兕二兽，兕隆背翘尾，低头扬独角奋抵虎。

熊虎斗

150cm×37cm　　征集于南阳市

画左刻一熊（残缺），顿足挥臂，扭身作奔跑状。右刻一虎，张口昂首翘尾扑向熊。画间饰
云气纹。

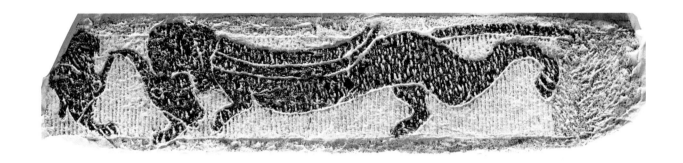

二兕斗

99cm×22cm　　征集于南阳市

画左刻一兕，仅剩头部。右刻一兕，身生翼，后肢扬起，俯首翘尾与左兕独角相抵。

画刻二兕，身生羽翼，翘尾，俯首相向互为抵触。边框刻三角形纹和垂幔。

二兕斗

140cm×59cm   征集于南阳市

画刻二兕，身生羽翼，翘尾，俯首相向互为抵触。边框刻三角形纹和垂幔。

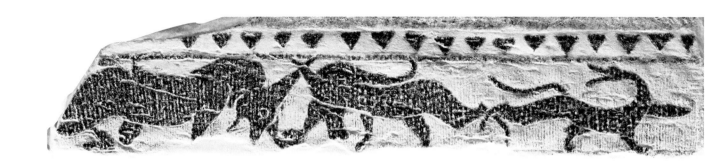

兽斗

148cm×35cm　　征集于南阳市

画左刻两独角兽，角相抵，弓背俯首相斗。右刻一兽，扭头张口扬尾作奔走状。上部饰三角
形纹。

熊虎斗

126cm×40cm　　征集于南阳市

画刻一熊一虎，熊扭身回首，伸臂蹬足。虎昂首张口，奋爪腾躯，长尾翘摆扑向熊。右卜饰
山峦。

兽斗

109cm×36cm　　征集于南阳市

画左刻一神兽，身似虎，垂首缩身，拖后肢夹长尾。中刻一狮，昂首张口，尾上翘，扑向神
兽。画间饰云气纹。画面右部磨损。

兽斗

168cm×40cm　征集于南阳市

画左刻一熊，立身跨步作仓皇逃跑状。中刻一狮，鬃毛直竖，张口腾爪翘尾扑向一垂首弓背蹲于地之夹尾兽。右刻一牛（头残），弓背腾蹄扬尾。上边框饰三角形纹饰，中间饰云气纹。

兽斗

198×40cm　　征集于南阳市

画左刻二兕，俯首弓背，奋蹄扬尾，独角相抵。右刻一虎，伸颈张口，腾蹄扬尾，扑向二兕。
上边框饰三角形纹。

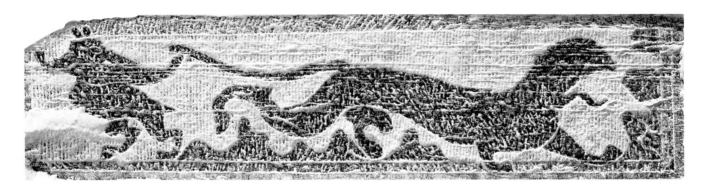

熊虎斗

150cm×39cm   征集于南阳市

画左刻一熊作人立状，挥臂扭头，向后顾望，左爪欲抓住虎尾。虎张口奋爪向前奔跑。下边框饰连绵山峦。

狮虎斗

156cm×38cm　　征集于南阳市

画左刻一狮，鬃毛直竖，张口吐舌，奋爪翘尾，飞扑一虎。虎昂首张口，腾身扬尾，迎击来
狮。画间饰云气纹。

兽斗

146cm×40cm　征集于南阳市

画中刻一狮，鬃毛直竖，昂首张口翘尾，前肢腾起，扑向一垂首弓背、奋爪前抵之怪兽。右刻一兽，奔逃之中又回首观望。画间饰云气纹。

熊斗二兕

134cm×22cm　　征集于南阳市英庄

　　（上图）画中刻一熊，跨大步立身挥双臂紧握左右二兕之角。二兕俯首弓背，奋蹄扬尾，相向角抵熊。

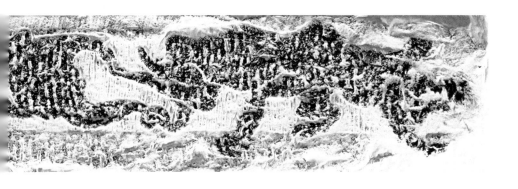

兽斗

207cm×42cm　　征集于南阳市

（下图）画左刻一熊，两前爪外伸抵挡左右两侧袭来之动物；其中一牛，弓背翘尾低头抵向熊。
画右刻两兽，一兽低头弓背前抵，一兽后肢抬起翻转向上后扬。画间饰云气纹。

兽斗

192cm×39cm   征集于南阳市

画刻二兽，垂首展翼，腾身相向独角相抵。上边框饰三角形纹。

熊虎斗

174cm×27cm   征集于南阳市

画左刻一虎，体生翼，张口翘尾扑向一熊。熊立身扭躯作顾望状。画间饰云气纹。

二兕斗

72cm×23cm　征集于南阳市

画刻二兕（左兕残），长角，体生羽翼，腾身奋爪，俯首弓背相互作前抵状。

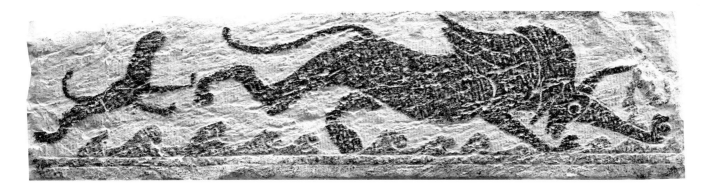

虎兕斗

157cm×38cm　征集于南阳市

画左刻一虎，昂首张口，翘尾，前肢腾起飞扑一兕。兕独角，俯首弓背，身生翼、奋蹄扬尾
作奔跑状。下饰连绵山峦。

虎兕斗

141cm×42cm　　征集于南阳市

画左刻一兕，独角弯长，体生翼，弓背俯首作向前抵触状。右刻一虎（尾部残），口伸长舌，尖牙利齿，作向前扑食状。上下饰连绵山峦。

熊斗二兕

127cm×24cm   征集于南阳市

画中刻一熊，跨步，两爪分别抓压左右两边奋抵之兕。二兕皆生长角，身长翼，作俯首角抵状。

熊龙斗

134cm×38cm　　征集于南阳市

画左刻一兽似熊，伸臂扑向一龙。龙奋爪翘尾，身躯腾起，回首张口。画间饰云气纹。

熊虎斗

229cm×48cm   征集于南阳市蒲山

画左刻一熊，侧身扭头扬臂，面对一虎。虎长尾，张口作奔跑状。画间饰云气纹，下部饰山峦。

兽斗

165cm×40cm　　征集于南阳市

画左刻一狮，尾巴上扬，后肢抬起，张口瞪目扑向中间一兽。兽两后腿蜷缩于地，头部低垂
于两前腿间作恐惧状。右刻一兽，扬后腿前奔，头部残缺。上边框饰三角形纹，画间饰云气纹。

牛虎斗

109cm×33cm   征集于南阳市

画右刻一牛，弓背俯首，扬蹄翘尾，奋力抵向一虎。虎张口翘尾扑向牛。

兽斗

188cm×40cm　征集于南阳市

画左刻两独角兽，身生翼，尾分三歧，弓背低头相抵。右刻一熊，扭头回击一夹尾兽。

兽斗

225cm×38cm　　征集于南阳市

画左刻一兽，头部剥蚀不可辨识。中刻一龙一虎相斗。右刻二兕，二兕均背生翼，头长尖角，正俯首扬蹄向对方抵触。上边框饰三角形纹。

兽斗

145cm×30cm   征集于南阳市

画左刻一怪兽，缩身垂首蹲坐于地。中刻一虎，昂首张口翘尾扑向左边怪兽。右刻一兕，兕
身如牛，背生翼，头生长角，扬尾低头奋力向前抵触。上边框饰三角形纹。

兽斗

160cm×40cm　　征集于南阳市

画左刻一独角兕，弓背扬蹄翘尾奋力作抵触状。中刻一狮，张口翘尾，后肢跃起向一垂首缩
身夹尾兽扑来。画间饰云气纹，上边框饰三角形纹。

兽斗

167cm×40cm   征集于南阳市

画像残缺。画右刻一兕，独角有翼，尾分三歧，俯首扬蹄向一虎作抵触状。虎瞪圆眼，张口
翘尾，纵身扑向兕。画间饰云气纹。

兽斗

154m×39cm　征集于南阳市

画右刻一狮，张口奋爪翘尾扑向其前一弓身垂首蹲坐于地之兽。左刻一牛，弓背奋蹄，俯首作奋抵状。上边框饰三角形纹。

兽斗

92cm×43cm　　征集于南阳市

画右刻一牛，弓背奋蹄，俯首低角冲向怪兽。怪兽弓步扭身斗奔来之牛。

熊斗二兽

137cm×30cm　　征集于南阳市桑园路

画中刻一熊，扭身张臂。左刻一人面虎身兽，奋蹄扬尾，抬头奔向熊。右刻一虎，张口奋爪翘尾扑向熊。

兽斗

155cm×32cm　　征集于南阳市

画右刻一虎，张口扬尾扑向一兽。兽身如猪，细尾上扬，后肢并拢，抬头拒虎。画间饰云气纹。

兽斗

160cm×38cm   征集于南阳市

画左刻一虎，张口扬尾，前肢卧地，扑向怪兽。怪兽前肢并拢，后腿蜷缩蹲地，尾巴绕过身
下后上扬。

熊虎斗

137cm×44cm　　征集于南阳市靳岗

画左刻一虎，后肢翘起，张口前扑奔跑之熊。熊扭身张口回首张望。画间饰云气纹。

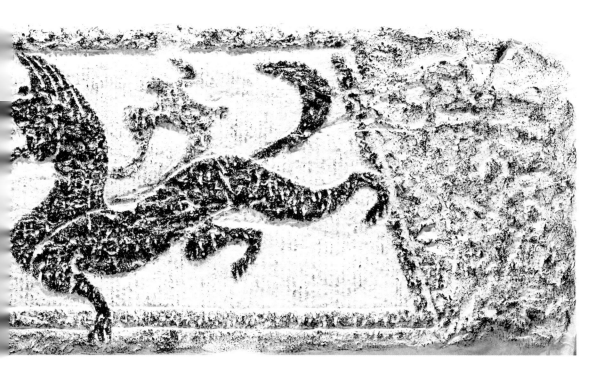

兽斗

160cm×43cm　　征集于南阳市

画右刻一狮，昂首奋爪，鬃发直竖，纵身扬爪翘尾，扑向一俯首弓背、后肢蹲地之夹尾兽。
画间饰云气纹。

熊斗二兕

175cm×33cm　　征集于南阳市英庄

画中刻一熊，双耳上竖，张口瞪眼，两上肢抓左右两兕之角奋力搏斗。左右两兕弓背低首，奋力前抵。

兽斗

112cm×23cm　征集于南阳市

画左刻一狮，昂首张口，腾身扬尾，扑向一俯首缩身翘尾之怪兽。

兽斗

179cm×47cm　　征集于南阳市

画左刻一怪兽，长颈，细长尾扬起蹲于地，扭头顾望。中刻一狮，昂首张口，奋爪翘尾，扑向前面一垂首缩身后肢下蹲之夹尾兽。右刻一牛，纵身奋蹄，俯首抵触。上、左边框饰三角形纹。

熊兕斗

159cm×41cm　　征集于南阳市魏公桥

画右刻一兕，头生长角，隆背扬尾，尾分三歧，俯首跃身奋力向前抵触。左刻一熊，张口伸舌，直立转身作退却状。下方饰山峦。

二兕斗

156cm×22cm　　征集于南阳市

（上图）画刻二兕相对抵触。一兕独角，肩生翼，俯首奋爪。

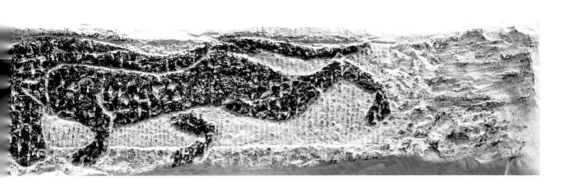

虎斗二兕

200cm×28cm   征集于南阳市

（下图）画中刻一虎，张口奋爪翘尾，纵身扑向左边之独角兕。右刻一独角兕，俯首隆背，
纵身扬尾，奋力抵抗。

兽斗

144cm×39cm　　征集于南阳市

画左刻一熊，回首顾望。中刻一垂首缩身下蹲之夹尾兽，其前为腾身昂首、张口翘尾之狮。
右刻一牛，纵身扬蹄俯首抵角。画间饰云气纹。

兽斗

151cm×39cm   征集于南阳市

画左刻一虎，张口伸颈，纵身翘尾。中刻一兕，弓背低首，独角奋抵来虎。右刻一熊作观望
状。下饰山峦。

熊戏龙虎

172cm×40cm　　征集于南阳市邢营

画左刻一兽，疑似龙，但已漫漶不清。右刻一龙，体生翼，腾身翘尾，张口撕咬左边一熊。熊挥臂阻挡龙的撕咬和虎的进攻。

熊兕斗

112cm×23cm　征集于南阳市

画右刻一兕，独角有翼，弓背跃身俯首奋力抵触一熊。熊立身挥臂抵挡兕的抵触。

兽斗

110cm×39cm　　征集于南阳市

画右刻一狮，鬃毛高竖，瞪眼张口，跨步翘尾，扑向一缩身垂首蹲地之夹尾兽。

兽斗

172cm×39cm　　征集于南阳市邢营

画中刻一狮，鬃毛高竖，昂首张口，跃身翘尾扑向前边垂首缩身蹲于地之夹尾兽。右刻二虎，
一蹲坐于地抬头回望，一张口腾身翘尾。上边框饰三角形纹，画间饰云气纹。

画刻二兕触角相抵。二兕独角，躯体长翼，俯首奋抵。

二兕斗

133cm×27cm　征集于南阳市

画刻二兕触角相抵。二兕独角，躯体长翼，俯首奋抵。

二兕斗

98cm×40cm　征集于南阳市

画刻二兕相对互抵。二兕均独角有翼，俯首扬尾。上饰垂幔纹，下饰菱形穿环图案。

兽斗

138cm×38cm　　征集于南阳市

画左刻一狮，张口奋爪，跃身扬尾扑向一垂首弓背之夹尾兽。右刻一兕，独角，身如牛，奋
蹄垂首作抵触状。画间饰云气纹。

二兕斗

161cm×36cm　　征集于南阳市

画刻二兕相对互抵。二兕均独角，身如牛，俯首翘尾。右边之兕尾梢分歧。

二兕斗

110cm×26cm　　征集于南阳市

画刻二兕相对互抵。二兕独角生翼，俯首奋抵。

兽斗

134cm×41cm　征集于南阳市

画左刻一龙，张口扬尾，回首顾望。中刻一虎，尾分三歧，张口作前扑状；虎前刻一兽，垂首缩身，夹尾蹲地。右刻二熊相搏。

龙虎斗

132cm×39cm   征集于南阳市

画左刻一虎，张口翘尾扑向一龙。龙修颈长身，后肢跃起，张口作回首状。画间饰云气纹。

二兕斗

160cm×40cm　　征集于南阳市

画刻二兕独角相抵。二兕长角，身生羽翼，俯首奋蹄扬尾，尾分三歧。

牛虎斗

125cm×35cm   征集于南阳市

画右刻一虎，张口奋爪扑向一牛。牛俯首弓背，扬蹄翘尾（残），垂头抵角冲向虎。画间饰云气纹。

熊兕斗

138cm×40cm　　征集于南阳市阮堂

画左刻一兕，身生羽翼，尾分三歧，弓背俯首扑向一熊。熊半蹲于地，挥臂张口抵挡。

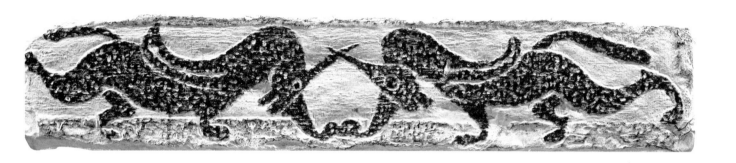

二兕斗

136cm×26cm　　征集于南阳市七孔桥

画刻二兕互抵。二兕身生羽翼，俯首弓背，奋爪扬尾，独角相向抵触。此画拓片曾被鲁迅先
生收藏。

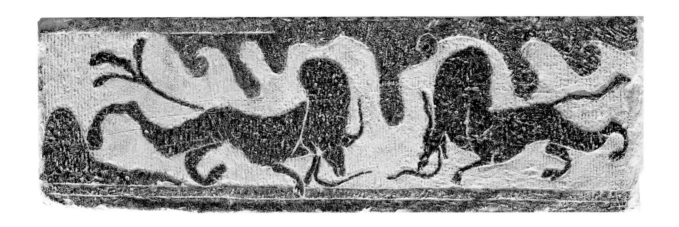

二兕斗

137cm×44cm　　征集于南阳市

画刻二兕，独角俯首，弓背奋蹄扬尾，张口吐长舌，相对互抵。左兕尾分三歧。上边框饰倒
立山峦，下饰山峰。

兽斗

178cm×40cm   征集于南阳市

画左刻一牛，俯首弓背，奋蹄翘尾，两角抵向前方。中刻一狮，张口奋爪扬尾扑向前一夹尾
兽。右刻一熊，跨步扭身张望。画间饰云气纹，下饰山峦。

二兕斗

132cm×39cm　　征集于南阳市

画刻二兕相抵。二兕皆独角，躯体长翼，俯首奋蹄扬尾相抵。画间饰云气纹，下饰山峦。

虎斗二兕

121cm×34cm　征集于南阳市

画刻一虎二兕。虎张口奋爪，跃身翘尾向前扑。二兕均独角生翼，俯首弓身向虎奋抵。上边
框饰三角形纹，下饰连绵山峦。

虎兕斗

124cm×42cm　　征集于南阳市

画右一虎，张口翘尾扑向一兕。兕独角，身生羽翼，俯首奋蹄，扬尾作抵触状。左刻一兽，
部分轮廓已漫漶不清。上边框饰三角形纹，下饰山峦。

兽斗

170cm×40cm   征集于南阳市

画右刻一虎，昂首张口翘尾扑向二兕。二兕独角有翼，俯首扬蹄翘尾相互抵触。上边框饰三
角形纹，下饰山峦。

画刻二兕，弓背奋蹄扬尾，垂首两角相抵。

二兕斗

129cm×23cm　征集于南阳市

画刻二兕，弓背奋蹄扬尾，垂首两角相抵。

兽斗

165cm×34cm   征集于南阳市

画左刻一牛，弓背奋蹄翘尾，俯首前抵。中刻一狮，鬃毛直竖，张口翘尾扑向一低首蹲地之
夹尾兽。画间饰云气纹。

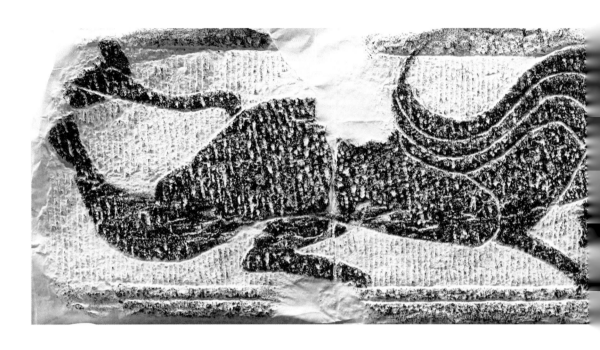

熊兕斗

158cm×40cm   征集于南阳市

画左刻一兕，独角粗壮，肩生翼，俯首扬蹄翘尾张口抵向一熊。熊两耳上竖，扭身回击。画右饰云气纹。

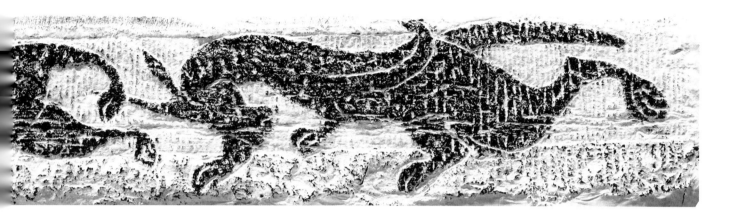

熊斗二兕

160cm×22cm　　征集于南阳市英庄

画中刻一熊，立身迈足力搏左右二兕。二兕身生羽翼，奋蹄扬尾，俯首奋力抵熊。

二兕斗

155cm×38cm　　征集于南阳市

画刻二兕，弓背扬尾低头，两角相抵。

兽斗

146cm×41cm　征集于南阳市

画左刻一熊，后肢站立，扭身回头。画中刻一狮，鬃毛直竖，昂首张口，后肢扬起，扑向一兽。兽弓背低头扬蹄，独角抵触。上边框饰三角形纹，画间饰云气纹。

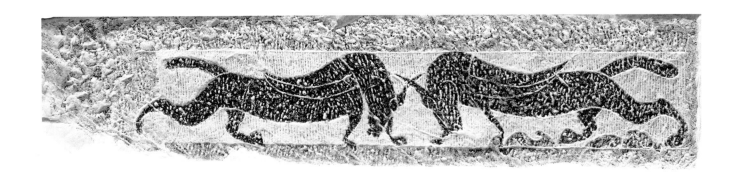

二兕斗

182cm×39cm　　征集于南阳市邢营

画刻二兕，弓背扬尾，低头奋蹄，两角相抵。下饰山峦。

画刻二兕，弓背奋蹄扬尾，身生羽翼，独角相对抵触。

二兕斗

123cm×24cm　征集于南阳市高新路

画刻二兕，弓背奋蹄扬尾，身生羽翼，独角相对抵触。

画刻二兕相对互抵。二兕均独角长翼。上边框饰三角形纹，下饰连绵山峦。

二兕斗

207cm×43cm   征集于南阳市

画刻二兕相对互抵。二兕均独角长翼。上边框饰三角形纹，下饰连绵山峦。

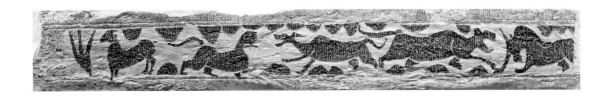

兽斗

274cm×41cm   征集于南阳市熊营

画左刻一头生角身似鹿之麒麟，其前不知何物。中刻一虎一兽，张口奋爪扬尾作相互撕咬状。
右刻一虎一兕，虎张口扑向兕，兕纵身俯首奋力抵抗。上边框饰垂幔纹，下饰起伏山峦。

兽斗

144cm×39cm　　征集于南阳市安居新村

画左刻一怪兽，圆眼，身似虎，脊背生翼。右刻一虎，张口翘尾，腾身作向前扑食状。

兽斗

218cm×42cm　　征集于南阳市

画中刻一兕，弓背腾蹄，扬尾俯首，角抵一熊。熊直立挥臂扭身回击。右刻一虎，扭头回望，尾上翘作奔跑状。下饰连绵山峦。

兽斗

180cm×42cm　　征集于南阳市

画中刻二兕，左兕触角抵向一垂首蹲地之怪兽。右兕弓背奋蹄，扬尾垂首，抵向一张口腾身
翘尾之虎。上边框饰垂幔纹，下饰山峦。

兽斗

180cm×42cm　　征集于南阳市

画中刻一狮，张口翘尾扑向一垂首弓背蹲地之怪兽。两边各刻一回首张口奋爪扬尾之龙（右残）。上边框饰三角形纹，画间饰云气纹。

兽斗

129cm×37cm　　征集于南阳市七里园

画中刻一狮，鬃毛直竖，张口奋爪扬尾扑向一卧地垂首之夹尾兽。左一兽（残）无法辨识。
上边框饰三角形纹。

兽斗

168cm×39cm　征集于南阳市安居新村

画中刻一狮，鬃毛直竖，张口翘尾，尾分三歧，后肢腾起扑向一垂首夹尾兽。画右刻一熊，立身跨步，挥上肢扭身抵挡。画间饰云气纹。

兽斗

161cm×40cm　　征集于南阳市方城县

画左刻一牛，俯首腾蹄，低头向前抵触。中刻一狮，张口奋爪，跃身翘尾扑向一怪兽。怪兽
垂首缩身蹲于地。画间饰云气纹，上边框饰三角形纹。

兽斗

120cm×40cm　　征集于南阳市

画左刻一狮，鬃毛直竖，张口奋爪翘尾，尾分六歧，扑向前边垂首蹲地之夹尾兽。画间饰云气纹。

二兕斗

174cm×42cm　　征集于南阳市

画刻二兕，独角，俯首腾蹄扬尾，相对抵触。

熊虎斗

173cm×38cm　　征集于南阳市

画刻一虎一熊。虎张巨口，奋爪扬尾扑向熊。熊扭身回头迎击虎。画间饰云气纹。

虎兕斗

103cm×23cm　　征集于南阳市

画左刻一兕，身生羽翼，扬尾俯首，抵向一张口腾身翘尾飞扑而来之虎。

二兕斗

163cm×26cm　　征集于南阳市

画刻二兕。二兕身生羽翼，后肢腾起，垂首独角相对抵触。

二兽斗

105cm×21cm   征集于南阳市

画刻二兽（左兽残），独角，身似牛，奋蹄扬尾作相互抵触状。

兽斗

121cm×43cm　征集于南阳市

画左刻一狮，昂首张口，鬃毛上竖，前爪前伸，后爪腾起，扑向一垂首弓身蹲地之夹尾兽。画间饰云气纹。

二兕斗

122cm×27cm　征集于南阳市

画刻二兕，均独角，身生翼，尾梢分三歧，俯首奋爪腾蹄，相互抵角。

兽斗

165cm×42cm　　征集于南阳市

画左刻一兕，腾蹄纵身扬尾，俯首抵角。中刻一狮，鬃毛直竖，张口奋爪跃身扑向一身似牛
之夹尾兽。上边框饰三角形纹，下饰山峦，画间饰云气纹。

兽斗

163cm×37cm　征集于南阳市

画左刻一虎，昂首张口，腾身翘尾扑向一怪兽。怪兽俯首垂尾作退却状。画间饰云气纹。

兽斗

165cm×27cm　征集于南阳市

（上图）画左刻一兕，俯首弓背，后肢腾起，独角前抵。中刻一狮，昂首张口，腾身翘尾，尾分三歧，扑向一垂首弓背之夹尾兽。右刻一虎，伸颈奋爪，扬尾扭首张口作回顾状。画间饰云气纹。

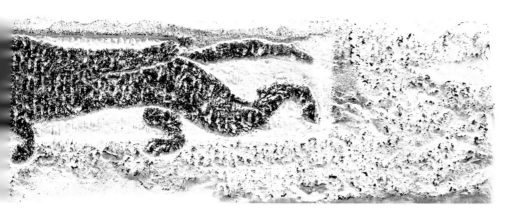

熊斗二兕

109cm×21cm   征集于南阳市

（下图）画中刻一熊，直立跨步，双爪紧抓左右两兕之独角。二兕俯首弓背，奋蹄翘尾抵触熊。

二兕斗

173cm×40cm　　征集于南阳市

画刻二兕，俯首弓背，腾蹄扬尾，相向抵触。

二兕斗

85cm×25cm　　征集于南阳市

画刻二兕，均生独角，作相互抵触状。左兕只有头部；右兕俯首，身生羽翼，奋爪扬尾。

兽斗

108cm×46cm 征集于南阳市

画左刻一兽,昂首张口,扬尾奋爪向右侧之兽猛扑而来。右刻一兽,似猿,头生两长角,仰面后倾,蹲坐于地。上边框饰三角形纹,画间饰云气纹。

熊斗二兕

178cm×35cm　征集于南阳市宛运公司

画中一熊作直立状，奋力与左右二兕相斗。左边之兕张口摆尾，似败阵而逃；右边之兕昂头
垂尾，用独角抵熊。画间饰云气纹。

兽斗

140cm×37cm 征集于南阳市第一高中（已调拨河南博物院）

画左一熊作人立状，弓步，挥舞双臂。画中一狮，张口向前奔跑。画右一兽，垂首隆背，夹尾蹲坐于地。画间饰云气纹。

舞乐·二兕斗

155cm×69cm　　征集于南阳市西关

画面分为两部分，上面刻舞乐场面，下面刻二兕相抵。二兕身生羽翼，垂首扬尾。上边框饰
垂幔纹，下边框饰山峦，右边饰云气纹。